ANÁLISIS

MACROECONÓMICO

UNA **VISTA GLOBAL**

DEL **ECUADOR**

"Lo que todo inversionista y dueño de negocio tiene que saber para sus planes estratégicos y toma de decisiones."

ISBN: 9798723605145

Enlaces de contacto con el MBA Whimpper Narváez Salas

Facebook

https://www.facebook.com/wnarvaezs/

Instagram:

https://www.instagram.com/wnarvaezs/?igshid=4xaoxevp7ohb

Linkedin:

www.linkedin.com/in/wnarvaezs

Sitio Web:

https://whimppernarvaez.com/

Email:

wnarvaez@whimppernarvaez.com

SOBRE EL AUTOR

MBA. Whimpper Narváez Salas, CPA

CEO DE
WENS CONSULTING & AUDITING, WHIMPPER NARVAEZ S.A.
EX Senior Manager de una de las Big Four

>> SOBRE EL AUTOR

Whimpper Eduardo Narváez Salas es un empresario ecuatoriano que nació el 31 de octubre de 1963. Es Contador Público Autorizado (CPA) y Master en Administración de Negocios (MBA). Asimismo, es miembro del Instituto de Desarrollo Directivo (IDE) y tiene un Programa de Desarrollo Directivo en dicha escuela de negocios, la cual forma parte de la Universidad de Los Hemisferios.

Durante 24 años trabajó en una de las firmas auditoras más grandes y prestigiosas del mundo —una de las Big Four—, donde concluyó su carrera como Senior Manager. A lo largo de su trayectoria ha tenido la oportunidad de brindar asesoría profesional y de negocios a clientes nacionales e internacionales, especialmente en Colombia y Panamá. Actualmente, es el CEO y propietario de la firma de auditoría y consultoría **WENS CONSULTING GROUP**, cuyo nombre proviene de sus iniciales.

Whimpper Eduardo Narváez Salas ha sido instructor, conferencista nacional e internacional, y catedrático de las principales universidades del Ecuador. En estos momentos se desenvuelve como catedrático de la Universidad de Especialidades Espíritu Santo (UEES).

Además, es autor de los siguientes libros publicados en Amazon:

i. LIBRE: 30 pasos para recuperar tu vida después de una relación tóxica; nombrado BESTSELLER en Amazon.
ii. Plan de Gobierno: Una guía para crear un país de oportunidades.

>> DEDICATORIA

Este libro se lo dedico a empresarios, hombres de negocios, inversionistas, profesionales y estudiantes, para que dispongan de información clave y condensada para el análisis y toma de decisiones de sus proyectos de inversión y planes de negocio.

Estoy convencido que esta información macroeconómica contribuirá de forma significativa al cumplimiento de sus objetivos.

Whimpper Eduardo Narváez Salas
CEO de WENS CONSULTING GROUP

Acrónimos

BCE:	Banco Central del Ecuador
CEPAL:	Comisión Económica para América Latina y el Caribe
INEC:	Instituto Nacional de Estadísticas y Censos
PEA:	Población Económicamente Activa
PIB:	Producto Interno Bruto
IPC:	Índice de Precios al Consumidor
FMI	Fondo Monetario Internacional
US$:	Dólares de los Estados Unidos de América
CIIU:	Clasificación Industrial Internacional Uniforme
IDEAC:	Índice de Actividad Económica
BM:	Banco Mundial
CBF:	Canasta Básica Familiar
IF:	Ingreso Familiar
IED:	Inversión Extranjera Directa
EMBI:	Emerging Markets Bonds Index (Indicador de Bonos de Mercados Emergentes)
FOB:	Free On Board (Libre a Bordo)
ENEMDU:	Encuesta Nacional Empleo, Desempleo y Subempleo

INDICE GENERAL

INDICE DE TABLAS

INDICE DE ILUSTRACIONES

>> INTRODUCCIÓN

La mejor herramienta para cualquier inversionista, emprendedor o líder de negocios es manejar información. Y no cualquier información, sino aquella aportada por especialistas que sean capaces de mostrarle los datos más importantes para tomar la mejor decisión y expertos que conozcan las fortalezas macroeconómicas de un país, sus posibilidades de negocios y por qué no, sus debilidades o riesgos, para convertirlas en oportunidades rentables.

Realizamos este libro, con el objetivo de mostrar las claves para el éxito de su inversión. Lo acompañamos en el recorrido por las variables macroeconómicas más significativas de Ecuador, un país con una de las economías más dinámicas de América del Sur, con una ubicación geográfica privilegiada, tierras fértiles y abundancia de recursos naturales. Un país abierto a la inversión, con seguridad jurídica, respecto a la propiedad y reglas claras de competencia.

Las cifras que le mostraremos hablarán por sí misma, pues usted descubrirá a través de la aplicación del benchmarking o análisis comparativo, el ranking de países según sus indicadores más relevantes; para de esta forma analizar la posición económica de Ecuador con respecto a otros países de América del Sur. Pues no sólo es importante tener un buen resultado macroeconómico como país, sino mejor aún ¡estar dentro de los primeros!

Acompáñenos pues, por las páginas de este estudio que le hemos preparado sobre Ecuador, que se inicia con su geografía, el análisis de su población, la evolución de su crecimiento económico, tasa de inflación, índices de desempleo, variables de comercio internacional hasta aquellas relativas al ámbito financiero, tasas de interés, deuda pública, pasando por temas de riesgo país y finalmente, el gran incentivo que significa las bajas tasas impositivas del Ecuador con respecto a otros países de América del Sur.

Antes de continuar con la lectura te invito a escanear el código QR o dar clic en el siguiente enlace, en el cual podrás observar un video que te dará una breve introducción sobre el contenido de mi libro.

https://www.youtube.com/watch?v=v_7KkIt5C_0

CAPITULO I

Principales Indicadores de la Economía del Ecuador

1. PRINCIPALES INDICADORES DE LA ECONOMÍA DEL ECUADOR

1.1 Geografía del Ecuador

Ecuador se encuentra ubicado en la costa noroccidental de América del Sur; limita por el Sur y el este con Perú y por el norte con Colombia.

El país tiene una extensión geográfica de 256,370 km² y es uno de los países con mayor diversidad geográfica del mundo.

Ilustración 1, Geografía del Ecuador

Está conformado por cuatro regiones naturales que son: costa, sierra, oriente y región insular. Actualmente Ecuador está dividida en 24 provincias.

Su situación geográfica le permite contar con magníficos suelos y clima favorable para la actividad agrícola, destacándose en cultivos de plátano (líder en la producción mundial), cacao y café. Asimismo, posee una gran riqueza forestal, principalmente en la región Sierra y cercana al Río Guayas, acceso a recursos hídricos, que permite el desarrollo de la pesca de altura, atún y sardina; así como, minería, oro, plata y cobre, yacimientos de petróleo y gas natural.

1.2 Análisis Poblacional del Ecuador

Tabla 1 Población Distribuida por Regiones Naturales Año 2019

Región	Total, población 2019 (# de habitantes)	% de población
Región costa	8,523,453	49.36
Región sierra	7,733,725	44.79
Región amazónica	937,406	5.43
Zonas no delimitadas	41,082	0.24
Región insular	32,320	0.19
TOTAL	**17,267,986**	**100**

Fuente: Instituto Nacional de Estadísticas y Censos (INEC) - Información proyectada a diciembre 2019

Como se observa en el cuadro anterior, Costa y Sierra son las regiones naturales que concentran la mayor población del país, las cuales están representadas principalmente por las provincias de Guayas y Pichincha con poblaciones de 8.5 millones y 7.7 millones de habitantes, respectivamente. Estos datos son proyecciones realizadas por el INEC a partir de un censo realizado en el año 2010.

1.2.1 Análisis de la Población por Edad del Ecuador

Tabla 2 Población por Edad

Edad	Cantidad de habitantes	%
0 a 14	5.016.961	29
15 a 64	11.183.385	64
65 a más	1.310.297	7
TOTAL	17,510,643	100

Como se observa, la mayor población de Ecuador se concentra en personas en edad de trabajar (entre 15 y 64 años), los cuales representaron el 64% del total de los habitantes en 2019 (el 71,1% a septiembre 2020).

Fuente: Instituto Nacional de Estadísticas y Censos (INEC) - Información proyectada a diciembre 2020

Al existir esta combinación demográfica, de una mayor proporción de población en edad de trabajar, con una menor proporción de personas económicamente dependientes (menores de 15 años y mayores de 65 años), Ecuador disfruta de lo que se conoce como "bono demográfico" al menos hasta el año 2055.

Importante

Un bono demográfico le da a Ecuador la oportunidad de enfrentar los retos del desarrollo y hacer frente al envejecimiento demográfico.

MBA. Whimpper Narváez Salas, CPA

1.2.2 Análisis de la Población por Género del Ecuador

Tabla 3 Población por Género del Ecuador

Género	Cantidad	%
Hombres	8,547,067	49
Mujeres	8,720,919	51
TOTAL	**17,267,986**	**100**

Fuente: Instituto Nacional de Estadísticas y Censos (INEC)
Información proyectada a diciembre 2019,
Análisis elaborado por: WENS CONSULTING GROUP

Como se observa en la tabla 3 precedente, en Ecuador existe una relación porcentual similar entre la población de hombres y mujeres.

1.2.3 Población Económicamente Activa del Ecuador

De acuerdo con la información publicada por el Instituto Nacional de Estadísticas y Censos INEC por los años 2016 al 2019, la Población Económicamente Activa (PEA) representa el 47% en promedio de la población total del país.

Ilustración 2 Evolución de la Población Económicamete Activa del Ecuador

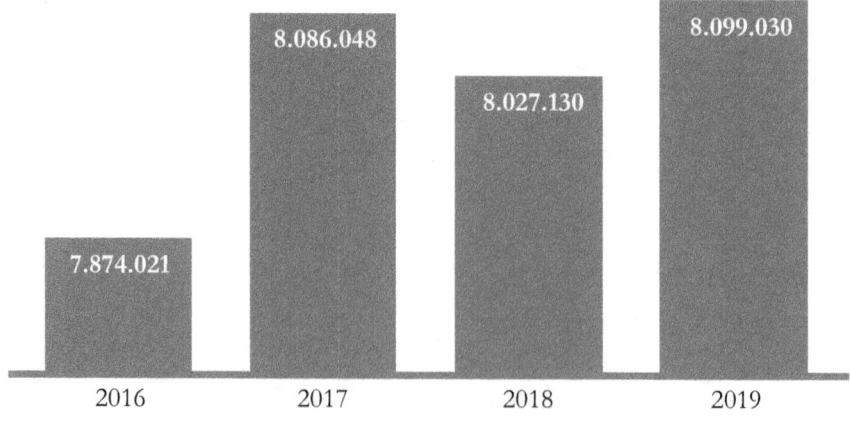

Fuente: Instituto Nacional de Estadísticas y Censos (INEC)
Análisis elaborado por WENS CONSULTING GROUP

De acuerdo con las últimas cifras disponibles de la Encuesta Nacional de Empleo, Desempleo y Subempleo (ENEMDU), en septiembre de 2020 la población economicamente activa (PEA) se redujo de 8.099.030 a 7.874.226 habitantes, equivalente al 3%. Esta disminución en el empleo fue originada principalmente por la crisis sanitaria de la pandemia COVID 19, la cual tuvo el impacto de recesión económica en el mercado causada por la reducción de liquidez y restricción de consumo en la población.

1.2.4 Benchmarking de análisis poblacional de Ecuador con Países de América del Sur

Siguiendo la información del Instituto Nacional de Estadísticas y Censos (INEC) del año 2019 (como proyección realizada a partir del censo realizado en 2010), el Ecuador tiene una población de 17.3 millones de habitantes y ocupa el séptimo puesto en el ranking de población de América del Sur (Véase Tabla 4).

Tabla 4 Ranking de Población de Ecuador vs Paises de América del Sur Año 2019 (Miles de habitantes)

Ranking	País	Población
1	Brasil	211,050
2	Colombia	50,339
3	Argentina	44,781
4	Perú	32,510
5	Venezuela	28,516
6	Chile	18,952
7	**Ecuador**	**17,268**
8	Bolivia	11,513
9	Paraguay	7,045
10	Uruguay	3,462

Fuente: División de Población de las Naciones Unidas (DPNA)
Instituto Nacional de Estadística de Censos (INEC)
Análisis elaborado por: WENS CONSULTING GROUP

Al comparar la proporción de población activa del Ecuador con respecto a otros países de América Latina, se observa que se encuentra entre los primeros países de la región con mayor proporción de su población en edad de trabajar, que se ha incorporado al mercado laboral o se encuentra en búsqueda de empleo, ubicándose en el cuarto lugar del ranking de países de América del Sur, marcando una tendencia positiva con respecto a años anteriores:

Tabla 5 Población económicamente activa (% sobre población total)

Ranking	País	%PEA	Tendencia
1	Perú	78	▲
2	Paraguay	72	▲
3	Colombia	69	▲
4	**Ecuador**	**68**	▲
5	Uruguay	64	▲
6	Brasil	64	▼
7	Chile	63	▲
8	Argentina	61	▼
9	Paraguay	64	▲
10	Bolivia	62	▲
11	Venezuela	59	▼

Fuente: Banco Mundial - información a 2020

Por otra parte, Ecuador tiene el primer lugar en población por extensión geográfica de América del Sur, esto es, 67 habitantes por kilómetro cuadrado (Véase Tabla 6).

Tabla 6 Número de Habitantes por km² de los Países de América del Sur

País	Población (Miles de Habitantes)	Extensión en Miles de Km²	Habitantes Por Km²
Ecuador	**17,268**	**256**	**67**
Colombia	50,339	1,142	44
Venezuela	28,516	912	31
Perú	32,510	1,285	25
Chile	18,952	757	25
Brasil	211,050	8,515	25
Uruguay	3,462	176	20
Paraguay	7,045	407	17
Argentina	44,781	2,780	16
Bolivia	11,513	1,099	10

Fuente: División de Población de las Naciones Unidas (DPNA)Banco Mundial
Instituto Nacional de Estadísticas y Censos (INEC)
Análisis elaborado por: WENS CONSULTING GROUP

1.3 Producto Interno Bruto (PIB) del Ecuador

De acuerdo con información del Banco Central del Ecuador (BCE), en el año 2019, el PIB real del Ecuador fue de US$71,814 millones, el cual equivale a un decremento del (0.08%) en relación con el PIB del año 2018 que fue de US$71,871 millones. Cabe mencionar que, en este mismo año, el PIB nominal fue de US$107,562 millones[1].

---

1 El PIB real publicado por el BCE del año 2019 de US$71,814 millones difiere de la cifra publicada por el Fondo Monetario Internacional (FMI), la cual fue de US$71,573 millones. El FMI estimó un decremento en el PIB del 0,5%, que también difiere del decremento publicado por el BCE del 0,08%.

Ilustración 3 Evolución trimestral del PIB real, Ecuador Variación porcentual

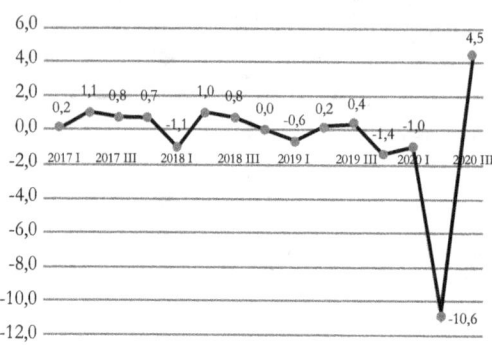

Para saber más...

En el año 2020 se observó una contracción significativa de la actividad, especialmente en el III trimestre, como consecuencia del impacto de la crisis sanitaria, WENS CONSULTING GROUP citando de forma drástica todos los componentes de la demanda. agregada.

Fuente: Banco Central del Ecuador (BCE)
Análisis elaborado por: WENS CONSULTING GROUP

Ilustración 4 PIB precios constantes, Ecuador años 2016 a 2020

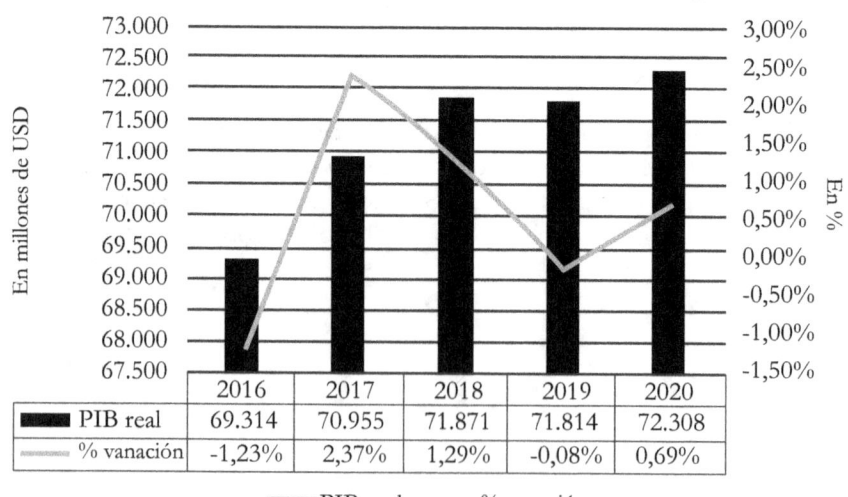

	2016	2017	2018	2019	2020
PIB real	69.314	70.955	71.871	71.814	72.308
% vanación	-1,23%	2,37%	1,29%	-0,08%	0,69%

PIB real   % vanación

Nota: Cifras 2020 corresponden a septiembre
Fuente: Banco Central del Ecuador (BCE)
Análisis elaborado por: WENS CONSULTING GROUP

| Importante |

La leve recuperación observada en el crecimiento económico para septiembre 2020 está en línea con las proyecciones de la CEPAL para el Ecuador, siempre que se logre un retorno gradual de la actividad económica, en la medida que la pandemia del COVID-19 pueda ser controlada, y los programas de vacunación puedan cumplirse según lo planificado.

1.3.1 Producto Interno Bruto por Industria del Ecuador

Tabla 7 PIB por Industria del Ecuador Años 2018, 2017 y 2016 Expresado en millones de US dólares y porcentaje

Ranking	Actividad Económica	2018	%	2017	%	2016	%
1	Manufactura (excepto refinación de petróleo)	8,364	12	8,265	12	8,016	12
2	Comercio	7,372	10	7,253	10	6,881	10
3	Petróleo y minas	6,259	9	6,654	9	6,845	10
4	Enseñanza y Servicios sociales y de salud	6,449	9	6,217	9	5,990	9
5	Construcción	6,194	9	6,160	9	6,444	9
6	Agricultura, ganadería, caza y silvicultura	5,541	8	5,593	8	5,357	8
7	Transporte	5,224	7	4,982	7	4,977	7
8	Actividades profesionales, técnicas y administrativas	4,483	6	4,343	6	4,297	6
9	Otros Servicios	4,468	6	4,334	6	4,550	7
10	Administración pública, defensa; planes de seguridad social	4,668	6	4,727	7	4,676	7
11	Correo y Comunicaciones	2,571	4	2,484	4	2,457	4
12	Actividades de servicios financieros	2,406	3	2,339	3	2,201	3
13	Otros elementos del PIB	2,390	3	2,279	3	1,735	3

Ranking	Actividad Económica	2018	%	2017	%	2016	%
14	Suministro de electricidad y agua	2,043	3	1,973	3	1,800	3
15	Alojamiento y servicios de comida	1,308	2	1,234	2	1,167	2
16	Acuicultura y pesca de camarón	815	1	764	1	659	1
17	Refinación de Petróleo	652	1	699	1	639	1
18	Pesca (excepto camarón)	451	1	441	1	426	1
19	Servicio doméstico	212	0	213	0	198	0
PIB Real		71,871	100	70,955	100	69,314	100

Fuente: Banco Central del Ecuador (BCE) (expresado en millones de US dólares, a precios constantes de 2007)

Análisis elaborado por: WENS CONSULTING GROUP

Tabla 8 PIB por Industria del Ecuador Años 2020 y 2019
Expresado en millones de US dólares y porcentaje

Ranking	Actividad Económica	2020 (Previsión)	%	2019 (Previsión)	%
1	Manufactura (excepto refinación de petróleo)	8,561	12	8,472	12
2	Comercio	7,399	10	7,366	10
3	Petróleo y minas	6,695	9	6,465	9
4	Enseñanza y Servicios sociales y de salud	6,573	9	6,546	9
5	Construcción	5,994	8	5,955	8
6	Agricultura, ganadería, caza y silvicultura	5,566	8	5,518	8
7	Transporte	5,253	7	5,225	7
8	Actividades profesionales, técnicas y administrativas	4,525	6	4,504	6
9	Otros Servicios	4,451	6	4,485	6
10	Administración pública, defensa; planes de seguridad social	4,129	6	4,346	6
11	Correo y Comunicaciones	2,618	4	2,607	4
12	Actividades de servicios financieros	2,488	3	2,470	3

Ranking	Actividad Económica	2020 (Previsión)	%	2019 (Previsión)	%
13	Otros elementos del PIB	2,391	3	2,272	3
14	Suministro de electricidad y agua	2,108	3	2,100	3
15	Alojamiento y servicios de comida	1,335	2	1,336	2
16	Acuicultura y pesca de camarón	922	1	874	1
17	Refinación de Petróleo	603	1	588	1
18	Pesca (excepto camarón)	485	1	475	1
19	Servicio doméstico	211	0	210	0
PIB Real		**72,309**	**100**	**71,814**	**100**

Fuente: Banco Central del Ecuador (BCE) (expresado en millones de US dólares, a precios constantes de 2007)
Análisis Elaborado por: WENS CONSULTING GROUP.

De acuerdo con la información emitida por el Banco Central del Ecuador (BCE), el PIB por tipo de industria muestra el liderazgo de la actividad manufacturera (12% del total), destacando el sector de alimentos y bebidas; del comercio (con el 10%) y del petróleo y minas, con un aporte del 9% a la producción total del país.

1.3.2 Benchmarking del Crecimiento del PIB de Ecuador con Países de América del Sur

Tabla 9 Crecimiento (decremento) del PIB Años 2019, 2018, 2017 y 2016 Expresado en porcentaje

Ranking	País	2019(Prev)	2018	2017	2016
1	Bolivia	3.90	4.22	4.20	4.26
2	Colombia	3.36	2.57	1.35	2.09
3	Perú	2.60	3.99	2.47	4.05
4	Chile	2.52	4.02	1.26	1.69
5	Paraguay	1.01	3.72	4.96	4.31
6	Brasil	0.88	1.11	1.06	(3.31)
7	Uruguay	0.40	1.62	2.60	1.69
8	**Ecuador**	**(0.08)**	**1.29**	**2.37**	**(1.23)**
9	Argentina	(3.06)	(2.48)	2.67	(2.08)
10	Venezuela	(35)	(18)	(15.67)	(17.04)

Fuente: Fondo Monetario Internacional (FMI) - Perspectivas de la economía mundial, cambio porcentual del Producto Interno Bruto (PIB), Cuentas nacionales anuales en dólares, a precios constantes.

Del análisis del cuadro precedente, se desprende que hasta el año 2019 la tendencia de América del Sur fue de desaceleración del crecimiento económico, existiendo cambios importantes en el ranking de crecimiento (decrecimiento) del PIB de América del Sur. En este contexto, se observa lo siguiente:

- En el año 2018, Ecuador tuvo un crecimiento del PIB del 1,29% y ocupó el séptimo lugar en ranking de los paises de America del Sur; sin embargo, en el año 2019, la economía del Ecuador decreció al 0,08% y en el ranking descendió al octavo lugar

- Bolivia es el país con mayor crecimiento del PIB en la región. Su promedio ha sido del 4% anual

- Colombia posee una de las economías con mayor crecimiento del PIB de América del Sur. En el año 2018, Colombia ocupaba el quinto puesto con el 2,57% y para el año 2019 pasó a ocupar el segundo lugar con un 3.36%

- Argentina y Venezuela se ubicaron en los dos últimos lugares con decrecimentos del PIB de 3,06% y 35%, respectivamente

A causa de la pandemia, en el año 2020 ocurrió una recesión sin precedentes en la región, con contracciones calificadas como "inusualmente fuertes" de la demanda y del consumo privado, en comparación con la inversión. Esta situación se espera que pueda recuperarse parcialmente en el 2021, aunque a un ritmo lento, debido a los costos económicos duraderos, sin que se prevea que las economías de América del Sur logren volver a los niveles de PIB previos a la pandemia, hasta el 2023.

Tabla 10 Benchmarking Crecimiento (decremento) del PIB Años 2021, 2020 Expresado en porcentaje

Ranking	País	2021 (Prev)	2020 (Prev)
1	Perú	7.3	(13.9)
2	Bolivia	5.6	(7.9)
3	Paraguay	5.5	(4.0)
4	Argentina	4.9	(11.8)
5	**Ecuador**	**4.8**	**(11.0)**
6	Chile	4.5	(6.0)
7	Uruguay	4.3	(4.5)
8	Colombia	4.0	(8.2)
9	Brasil	2.8	(5.8)
10	Venezuela	(10.0)	(25.0)

Fuente: Fondo Monetario Internacional (FMI) - Perspectivas de la economía mundial, cambio porcentual del producto interno bruto (PIB), Cuentas nacionales anuales en dólares, a precios constantes.

Para saber más...

Según las perspectivas del FMI:

- *Ecuador podría recuperar su posición de fortaleza económica en el ranking, ocupando el quinto lugar, según proyecciones del FMI para el 2021.*

- *Bolivia y Perú recuperarían parcialmente sus niveles de crecimiento, ocupando los primeros lugares de la región. Situación similar ocurriría para Chile, Uruguay y Colombia y en menor medida para Brasil y Venezuela.*

1.3.3 PIB Per Cápita del Ecuador

Según las cifras publicadas por el Fondo Monetario Internacional (FMI), el PIB per cápita del Ecuador en el año 2019 fue de US$6,217, el cual fue menor al del año 2018 de US$6,318. Esta variación representó un decremento del 1.60%. Para el año 2020 el FMI estima que el PIB per cápita crecerá en un 0.74%, ubicándose en US$6,263.

Ilustración 5 Producto Interno Bruto per Cápita, expresado en dólares corrientes

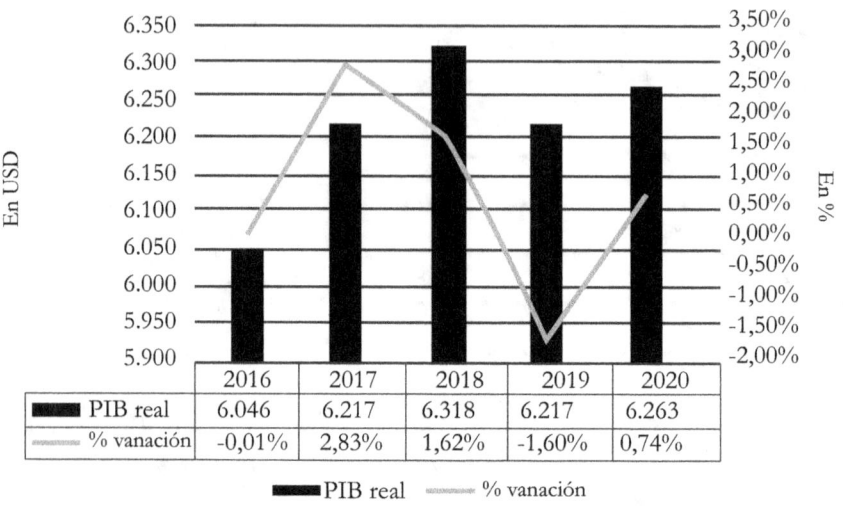

	2016	2017	2018	2019	2020
PIB real	6.046	6.217	6.318	6.217	6.263
% variación	-0,01%	2,83%	1,62%	-1,60%	0,74%

■■■PIB real   ═══ % variación

Fuente: Banco Central del Ecuador (BCE)
Análisis elaborado por: WENS CONSULTING GROUP

Importante

> *La evolución del PIB per cápita de Ecuador muestra una mejora del nivel de vida de la población con respecto al año 2016, incluso en el año 2020, que hubieron los efectos de la pandemia COVID 19.*

1.3.4 Benchmarking del PIB per Cápita de Ecuador con Países de América del Sur

De acuerdo con la información emitida por el FMI, el ranking y PIB per cápita de los países de América del Sur, se observan tendencias favorables en su evolución, en el caso de Uruguay (+0,1%), Perú (0,6%) y sobretodo de Bolivia (+3,0%), mientras que países como

Paraguay (-4,1%), Chile (-3,2%), Colombia (-2,0%), Ecuador (-1,6%) y Brasil (-1,8%) tuvieron pérdidas, mucho más pronunciadas en el caso de Argentina (-15,2%) y Venezuela (-25,3%). Véase Tabla 9.

Tabla 11 Producto Interno Bruto (PIB) per Cápita Años 2019, 2018, 2017 y 2016
(Expresado en US dólares)

Ranking	País	Tendencia (mayor-mejor)	2019 (Prev)	2018	2017	2016
1	Uruguay	▲	17,029	17,014	17,046	15,139
2	Chile	▼	15,399	15,902	15,075	13,776
3	Argentina	▼	9,888	11,658	14,588	12,773
4	Brasil	▼	8,797	8,959	9,926	8,751
5	Perú	▲	7,047	7,007	6,730	6,173
6	Colombia	▼	6,508	6,642	6,325	5,800
7	**Ecuador**	▼	**6,217**	**6,318**	**6,217**	**6,046**
8	Paraguay	▼	5,692	5,934	5,610	5,260
9	Bolivia	▲	3,671	3,565	3,369	3,095
10	Venezuela	▼	2,548	3,411	4,755	9,092

Fuente: Fondo Monetario Internacional, Expresado en dólares corrientes por persona.
Análisis elaborado por: WENS CONSULTING GROUP.

Del análisis del cuadro anterior, se puede apreciar que existieron diferencias significativas entre el ranking del crecimiento del PIB (tabla 8) y el Producto Interno Bruto per Cápita (tabla 9) de los países de América del Sur del año 2019. Estas diferencias se resumen a continuación:

- Ecuador tuvo un PIB per cápita de US$6,217 y ocupó el séptimo puesto en el ranking; sin embargo, en el ranking de crecimiento del PIB se ubicó en el octavo lugar

- Uruguay es el país con mayor PIB per cápita de América del Sur con un importe de US$17,029; en el año 2019 ocupó el primer lugar en el ranking. No obstante, ocupó el sexto puesto en el crecimiento anual del PIB del 0,40%. Esta diferencia se debe principalmente a su menor población en número de habitantes

- Argentina ocupó el sexto lugar en el PIB per cápita de América del Sur con un índice de US$9,888; sin embargo, tuvo un segundo lugar en el ranking de crecimiento del PIB, en el cual obtuvo un decrecimiento de 3.06%

- Colombia se ubicó en sexto lugar en el ranking del PIB per cápita con un índice de US$6,508; lo cual difiere con el segundo lugar obtenido en el ranking del crecimiento del PIB de 3,36%

1.4 Balanza Comercial del Ecuador

Para el año 2019, la balanza comercial del Ecuador arrojó un superávit, como resultado de un excedente de la balanza comercial petrolera frente a la no petrolera. En este período se registró una reducción tanto de las exportaciones como de las importaciones, siendo significativa la disminución de 10% de las importaciones no petroleras.

Tabla 12 Exportaciones e Importaciones Años 2019, 2018 y 2017 En millones de US dólares

	Exportaciones	Importaciones	Balanza
Año 2019			
Petrolera	7,955	3,974	3,981
No Petrolera	12,357	15,996	-3,639
Total	**20,312**	**19,970**	**342**
Año 2018:			
Petrolera	8,802	4,358	4,444
No Petrolera	12,804	17,763	-4,958
Total	**21,606**	**22,121**	**-515**
Año 2017:			
Petrolera	6,914	3,200	3,714
No Petrolera	12,209	15,834	-3,625
Total	**19,122**	**19,033**	**89**

Fuente: Banco Central del Ecuador (BCE)

Análisis elaborado por: WENS CONSULTING GROUP.

1.4.1 Análisis de Exportaciones por Grupo de Productos del Ecuador

Tabla 13 Exportaciones por Grupo de Producto del EcuadorAños 2019, 2018 y 2017 Expresado en millones de US dólares

	2019	%	2018	%	2017	%
Sector Petrolero:						
Petróleo Crudo	7,052	35	7,853	36	6,190	32
Derivados	903	4	948	4	724	4
Total, sector petrolero	**7,955**	**39**	**8,802**	**41**	**6,914**	**36**
Sector No Petrolero:						
Banano y plátano	2,964	15	3,196	15	3,035	16
Café y elaborados	70	0	83	0	119	1
Camarón	3,598	18	3,235	15	3,038	16
Cacao y elaborados	653	3	778	4	689	4
Atún y pescado	289	1	304	1	242	1
No tradicionales	4,783	24	5,209	24	5,086	27
Total, sector no petrolero	**12,357**	**61**	**12,804**	**59**	**12,209**	**64**
Total, Exportaciones	**20,312**	**100**	**21,606**	**100**	**19,122**	**100**

Fuente: Superintendencia de Compañías Valores y Seguros del Ecuador.
Análisis elaborado por: WENS CONSULTING GROUP

Como se observa en la tabla 11, en la actualidad la economía del Ecuador se sustenta principalmente en las exportaciones del sector no petrolero, las cuales representan un promedio el 61%.

En este contexto, se destaca a los productos no tradicionales que tienen una participación del 24%, seguido de camarón y banano con el 18% y 15%, respectivamente.

Importante

El valor de las exportaciones petroleras presentó una disminución del 10%, considerando además el efecto en este resultado del comportamiento a la baja del precio del barril de petróleo del WTI (West Texas Intermedie), desde US$ 67 en 2018 a US$ 57 del año 2019 (-15%).

1.4.2 Benchmarking de Exportaciones e Importaciones de Ecuador con respecto a Países de América del Sur

Tabla 14 Índices de Exportaciones e Importaciones de Ecuador vs Países de América del Sur Año 2019

Ranking	País	Índice de exportaciones de bienes FOB	Indice de importaciones de bienes FOB
1	Bolivia	143,9	180,8
2	Uruguay	143,2	100,3
3	Perú	133,2	142,5
4	**Ecuador**	**125,6**	**110,7**
5	Paraguay	121,2	127,7
6	Brasil	112,2	101,2
7	Colombia	103,9	132,3
8	Chile	98,3	119,0
9	Argentina	95,4	86,6
10	Venezuela	33,2	27,6

Fuente: Banco Mundial
Análisis elaborado por: WENS CONSULTING GROUP

Como se observa en la tabla 12, la mayor parte de los países de América del Sur, presentan un alto porcentaje de exportaciones, liderando el ranking Bolivia (desde la perspectiva de las exportaciones), ubicándose el Ecuador en el cuarto lugar.

1.4.3 Análisis de Exportaciones de Productos No Tradicionales del Ecuador

Tabla 15 Exportaciones de Productos no Tradicionales Años 2019, 2018 y 2017 Expresado en millones de US dólares

Productos	2019	%	2018	%	2017	%
Enlatados de pescado	1,092	23	1,213	23	1,157	23
Flores naturales	808	17	852	16	881	17
Manufacturas de metales	318	7	409	8	365	7
Productos mineros	265	5	274	5	271	5
Madera	264	5	240	5	239	5
Manufactura de cuero, plástico y caucho	146	3	153	3	144	3
Extractos y aceites vegetales	139	3	250	5	274	5
Otros primarios	139	3	122	2	88	2
Elaborados de banano	138	3	164	3	142	3
Frutas	137	2	128	2	108	2
Químicos y fármacos	121	3	142	3	133	3
Vehículos y sus partes	81	2	111	2	75	1
Jugos y conservas de frutas	80	2	105	2	121	2
Tabaco en rama	67	1	70	1	67	1
Maderas terciadas y prensadas	59	1	77	1	69	1
Harina de pescado	59	1	76	1	121	2
Manufactura de papel y cartón	56	1	73	1	62	1
Manufacturas de textiles	46	1	58	1	56	1
Elaborados del mar	31	1	43	1	40	1
Abacá	25	1	20	0	22	0
Prendas de vestir de fibras textiles	23	0	20	0	15	0
Otros industrializados	688	14	610	12	635	12
Total	4,782	100	5,209	100	5,086	100

Fuente: Superintendencia de Compañías Valores y Seguros del Ecuador
Análisis elaborado por: WENS CONSULTING GROUP

1.5   Inversion Extranjera Directa del Ecuador

Los ingresos en dólares por Inversión Extranjera Directa (IED) del Ecuador alcanzaron una cifra de 0,96 mil millones de USD en el año 2019, presentando a su vez un decrecimiento del 33% frente al año 2018, pese a los esfuerzos del Gobierno en creación de leyes e incentivos para dinamizar este rubro.

Ilustración 6 Inversión Extranjera Directa Años 2010 - 2019
Expresado en millones de US dólares

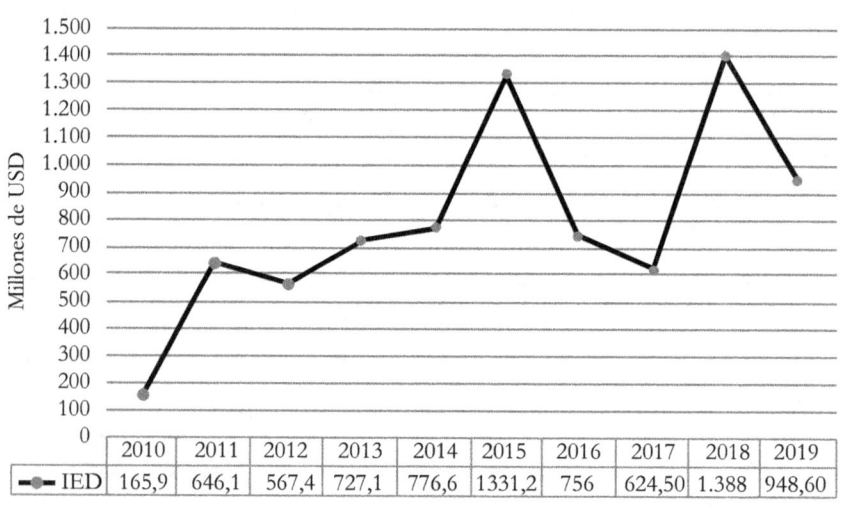

	2010	2011	2012	2013	2014	2015	2016	2017	2018	2019
IED	165,9	646,1	567,4	727,1	776,6	1331,2	756	624,50	1.388	948,60

Fuente: Banco Central del Ecuador

Casi el 45% de la IED en el 2019 que llega al país corresponde al sector minero. Además del petróleo, Ecuador cuenta con otras fuentes importantes de ingresos, tales como los de producción manufacturera, remesas, y la inversión extranjera directa (IED).

1.5.1   Principales países de origen de la IED

La mayor parte de los ingresos por Inversión Extranjera Directa, provienen de Holanda que aporta el 19%, España contribuye con el

13%, Canadá con un 9%, Estados Unidos con el 8% y Chica apenas con el 6%.

Tabla 16 Principales países de origen de la IED Años 2019, 2018, 2017 y 2016
Expresado en millones de US dólares

Países	Total por país	% del total
Holanda	730.5	19,2
España	502.4	13.2
Canadá	329	8.7
Estados Unidos	293.3	7.7
China	241.6	6.4
Comunidad Andina	195	5.1
Resto de América	1,028	27
Resto de Europa	299	7.9
Resto de Asia	45	1.2
Resto de África	(10)	(0.3)
Resto de Oceanía	145	3.8
Otros	2	0.1
Total de IED	$3,801	100%

Fuente: Banco Central de Ecuador (BCE)

1.5.2 Principales sectores de inversión

La mayor inversión de estos países ha provenido para la exploración y explotación de minas y canteras (45,5% del total de inversión), la cual es una industria en auge y oportunidad por el potencial minero del país, seguidas del comercio y la industria manufactura (13% y 10% del total de inversión respectivamente).

Un detalle se muestra a continuación:

MBA. Whimpper Narváez Salas, CPA

Tabla 17 Principales sectores de inversión Años 2019, 2018, 2017 y 2016 Expresado en millones de US dólares

Explotación de minas y canteras	Comercio	Industria Manufacturera	Servicios (*)	Agroindustria (**)
$1,729.1	$501,9	$393,5	$359,1	$325,5
45,5%	13,2%	10,4%	9,4%	8,6%

(*) Servicios prestados a las empresas
(**) Agricultura, silvicultura, caza y pesca
Fuente: Banco Central del Ecuador (BCE)

Importante

Con la abundancia de recursos naturales del Ecuador, especialmente en industrias extractivas, sector agropecuario, silvicultura y pesca, estos sectores contribuyen de forma importante en el total de IED recibida.

1.5.3 Inversión extranjera directa por sector de inversión y por país

A continuación, observaremos los países que han invertido en el Ecuador en los años 2016 al 2019, entre los cuales destacan Holanda en la explotación de minas, Estados Unidos en el comercio, Uruguay aportando en la Industria Manufacturera y Servicios y Nueva Zelanda liderando el sector de la Agroindustria. Un detalle a continuación:.

Tabla 18 Inversión Extranjera Directa por sector y por país Años 2016-2019 Expresado en millones de US dólares

EXPLOTACIÓN DE MINAS Y CANTERAS		
País	IED (en millones de US)	(%)
Holanda	443	25,6
Canadá	302	17,5
China	222	12,8
España	207	12,0
Bermudas	184	10,6
Islas Caimán	111	6,4
Otros	260	15,1
Total	**1,729**	**100**

COMERCIO		
País	IED (en millones de US)	(%)
Estados Unidos	107	21,4
Venezuela	74	14,8
Panamá	48	9,6
Islas Caimán	48	9,6
Holanda	48	9,6
Inglaterra	33	6,6
Otros	144	28,4
Total	**502**	**100**

INDUSTRIA MANUFACTURERA		
País	IED (en millones de US)	(%)
Uruguay	54	13,7
Nueva Zelanda	52	13,3
España	49	12,6
Estados Unidos	41	10,5
Panamá	27	6,8
Inglaterra	25	6,3
Otros	145	36,8
Total	**393**	**100**

SERVICIOS		
País	IED (en millones de US)	(%)
Uruguay	94	26,2
Canadá	54	14,9
Alemania	39	10,8
Estados Unidos	36	10,1
Italia	26	7,4
Puerto Rico	21	5,9
Otros	89	24,7
Total	359	100

AGROINDUSTRIA		
País	IED (en millones de US)	(%)
Nueva Zelanda	75	25,6
España	73	17,5
Estados Unidos	46	12,8
Islas Caimán	29	12,0
Suiza	27	10,6
Francia	21	6,4
Otros	55	15,1
Total	326	100

Fuente: Banco Central del Ecuador (BCE)

1.5.4 Benchmarking IED de Ecuador con respecto a otros países de América del Sur

Tabla 19 Benchmarking Ingresos por Inversión Extranjera Directa Años 2019, 2018 Expresado en millones de US dólares

Ranking	País	2019	2018	Tendencia (mayor – mejor)
1	Brasil	69.174	78.163	▼
2	Colombia	14.314	11.535	▲
3	Chile	11.928	7.323	▲
4	Perú	8.892	6.488	▲
5	Argentina	6.663	11.873	▼
6	Uruguay	1.189	1.389	▼
7	Ecuador	946	1.389	▼
8	Paraguay	522	458	▲
9	Bolivia	(237)	302	▼

Fuente: Comisión Económica para América Latina y el Caribe (CEPAL)
Análisis elaborado por: WENS CONSULTING GROUP

Como se observa en la tabla 19, la mayoría de los países de América del Sur tuvieron un desempeño negativo por IED. Los países que mejor resultado obtuvieron fueron: Brasil, Colombia, Chile y Perú. En el caso de Ecuador, ocupó el séptimo lugar del ranking.

1.6 Tasa de Inflación del Ecuador

De acuerdo con la información del INEC, la inflación entre 2016-2019 fue como sigue:

Tabla 20 Tasas de Inflación Años 2019, 2018, 2017 y 2016
Expresado en porcentaje

Años	Inflación anual en %
2019	(0.07)
2018	0.27
2017	(0.20)
2016	1.12

Fuente: Instituto Nacional de Estadísticas y Censos (INEC)
Análisis elaborado por: WENS CONSULTING GROUP

Importante

Considerando la reducción del consumo interno, se proyecta para el 2020 una tasa de -0,15%, que, se acelerará en el 2021, según el FMI (hasta +2%), pero aún dentro de las metas establecidas, dada una demanda agregada débil.

La variación mensual de la inflación por los años 2016 al 2019 fue la siguiente:

Tabla 21 Tasa de Inflacion Mensual Años 2019, 2018, 2017 y 2016
Expresado en porcentaje

MES/AÑO	2019	2018	2017	2016
Enero	0.47	0.19	0.09	0.31
Febrero	(0.23)	0.15	0.2	0.14
Marzo	(0.21)	0.06	0.14	0.14
Abril	0.17	(0.14)	0.43	0.31
Mayo	0.004	(0.18)	0.05	0.03
Junio	(0.04)	(0.27)	(0.58)	0.36
Julio	0.09	0	(0.14)	0.09
Agosto	(0.1)	0.27	0.01	(0.16)
Septiembre	(0.01)	0.39	(0.15)	0.15

MES/AÑO	2019	2018	2017	2016
Octubre	0.52	(0.05)	(0.14)	(0.08)
Noviembre	(0.70)	(0.25)	(0.27)	(0.15)
Diciembre	(0.01)	0.1	0.18	0.16

Fuente: Instituto Nacional de Estadísticas y Censos (INEC)
Análisis Elaborado por: WENS CONSULTING GROUP

1.6.1 Benchmarking de la tasa de inflación del Ecuador con Países de América del Sur

Tabla 22 Inflación anual América del Sur (10 países) Años 2019, 2018, 2017 y 2016
Expresado en porcentaje

Ranking	País	2019	2018	2017	2016
1	**Ecuador**	**(0.07)**	**0.27**	**(0.20)**	**1.12**
2	Perú	1.86	2.19	1.37	3.24
3	Bolivia	2.28	1.51	2.71	4.00
4	Chile	2.59	2.14	2.27	2.74
5	Brasil	3.63	3.75	2.95	6.29
6	Paraguay	3.70	3.20	4.52	3.92
7	Colombia	3.93	3.18	4.12	5.78
8	Uruguay	7.50	7.96	6.55	8.10
9	Argentina	57.31	47.65	24.80	ND
10	Venezuela	200,000	130,060	863	274

Fuente: Fondo Monetario Internacional Instituto Nacional de Estadísticas y Censos (INEC)
Análisis elaborado por: WENS CONSULTING GROUP

Del análisis de la tabla 15 precedente, se puede apreciar lo siguiente:

- Ecuador es el país con los menores efectos inflacionarios de la región de América del Sur. En los años 2019 y 2017, los resultados fueron de una deflación del 0,07% y 0,20%, lo cual revelaría que hubo una disminución en los precios de los bienes y servicios en los referidos años como consecuencia de la reducción de la oferta monetaria

- Venezuela es el último país en el ranking con un índice del 200,000% en el año 2019, lo cual se debería a una serie de factores, entre los cuales estarían principalmente la caída en los precios y reducción de la producción de petróleo; así como, restricciones de las importaciones con el fin de prevenir caer en la suspensión de pagos de la deuda externa (default) y disminución de la oferta de bienes básicos como alimentos, medicamentos, material médico, etc.

- Argentina ocupó el penúltimo lugar en el ranking con una inflación del 57,31% en el año 2019, lo cual revela la difícil situación económica que tiene este país, considerando además los efectos de su decrecimiento del PIB de 3,06% y de su relación deuda pública versus PIB del 86%.

1.7 Análisis de la Canasta Básica Familiar vs el Ingreso Familiar del Ecuador

Canasta Básica Familiar (CBF)

Según el Instituto Nacional de Estadísticas y Censos INEC, la Canasta Básica Familiar (CBF) la conforma un conjunto de bienes y servicios imprescindibles para satisfacer las necesidades básicas del hogar compuesto por 4 miembros con un estimado de 1,6 perceptores de ingresos que tuvieron una remuneración básica unificada.

En el año 2019, la CBF representó un promedio de US$715.72.

Ingreso Familiar (IF)

El ingreso Familiar (IF) es el valor promedio de remuneración percibido por una familia conformada por 1,6 perceptores. En el año 2019, según el Instituto Nacional de Estadísticas y Censos INEC, este valor fue de US$735.47.

Como se puede apreciar de la información emitida por el Instituto Nacional de Estadísticas y Censos INEC, en el año 2019, el Ingreso Familiar (IF) fue de US$735.47, el cual fue superior en un 3% a la Canasta Básica Familiar (CBF) promedio de US$715.72.

Un cuadro demostrativo del comportamiento promedio que ha tenido la Canasta Básica Familiar (CBF) e Ingreso Familiar (IF) por los años 2016 al 2019 es como sigue:

Tabla 23 Canasta Básica Familiar vs Ingreso Familiar Años 2019, 2018, 2017 y 2016
En US dólares y porcentaje

Años:	CBF Promedio	IF Promedio	Cobertura del Ingreso Familiar
2019	715.72	735.47	103%
2018	711.39	720.53	101%
2017	707.68	700.00	99%
2016	687.31	683.20	99%

Fuente: Instituto Nacional de Estadísticas y Censos (INEC)
Análisis elaborado por: WENS CONSULTING GROUP

1.7.1 Benchmarking de la Canasta Básica Familiar vs el Ingreso Familiar del Ecuador con Países de América del Sur

La comparación de la Canasta Básica Familiar y del Ingreso Familiar entre países, requiere de la armonización de definiciones y procedimientos utilizados de cada una de las fuentes de información utilizadas. Y aunque esto se realice, puede incluso ocurrir que las estadísticas no sean totalmente equiparables.

En ese sentido, para esta sección, se tomó la información de bajo la metodología de la CEPAL, considerándose como datos de referencia, la canasta básica de alimentos para los países seleccionados de América del Sur o línea de pobreza.

Tabla 24 Canasta básica de alimentos (línea de pobreza) Años 2018, 2017 y 2016 Expresado en porcentajes

Ranking	País	Tendencia (menor-mejor)	2018	2017	2016
1	Uruguay	▼	2,9	2,7	3,5
2	Chile	▼	-	10,7	-
3	Perú	▼	16,8	18,9	19,1
4	Brasil	▼	19,4	20,3	19,8
5	Paraguay	▼	19,5	21,6	24
6	**Ecuador**	▲	**24,2**	**23,6**	**24,3**
7	Argentina	▲	24,4	18,7	21,5
8	Colombia	▲	29,9	29,8	30,9
9	Bolivia	▼	33,2	35,2	0

Nota: Información de Venezuela excluida
Fuente: Comisión Económica para América Latina y el Caribe (CEPAL)
Análisis elaborado por: WENS CONSULTING GROUP

Como se observa en la tabla 17, Uruguay presenta los menores niveles de pobreza de América del Sur, observándose mejoras o estabilidad en este indicador en la mayor parte de los países, incluyendo a Ecuador que ocupa el sexto lugar en el ranking.

1.8 Tasa de Desempleo del Ecuador

La tasa de desempleo reportada por el Instituto Nacional de Estadísticas y Censos INEC por los años 2016 al 2019 se detalla en la siguiente tabla:

Tabla 25 Tasa de Desempleo del Ecuador Años 2019, 2018, 2017 y 2016 Expresado en porcentaje

Años	Tasa de desempleo %
2019	3.8
2018	3.7
2017	4.6
2016	5.2

De acuerdo con las cifras para el 2020 (septiembre), se observa un aumento de la tasa de desempleo desde 3,8% a 6,6%.

Fuente: Instituto Nacional de Estadísticas y Censos (INEC)
Análisis elaborado por: WENS CONSULTING GROUP

Diferenciadas por género, se observa que históricamente, el mayor desempleo viene dado por mujeres (8% a septiembre 2020), mientras que la tasa de desempleo en hombres se ubicó en 5,7% a esa misma fecha.

Ilustración 7 Tasa de Desempleo del Ecuador, por género Septiembre 2020, 2019 En porcentaje

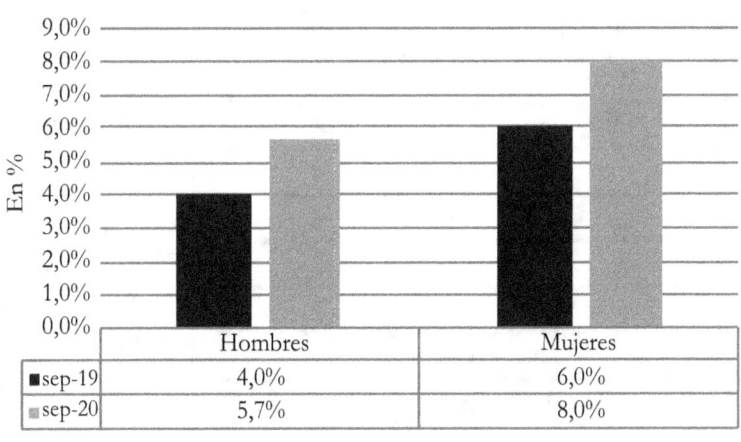

	Hombres	Mujeres
sep-19	4,0%	6,0%
sep-20	5,7%	8,0%

Género

■sep-19 ■sep-20

Fuente: Instituto Nacional de Estadísticas y Censos (INEC)
Encuesta Nacional Empleo, Desempleo y Subempleo (ENEMDU)
Análisis elaborado por: WENS CONSULTING GROUP

Importante

> *Considerando que la población está equitativamente distribuida por género en el Ecuador, resulta más significativo que la tasa de desempleo sea mayor entre las mujeres que en los hombres, brecha que aumentó en el período de un año.*

1.8.1 Benchmarking Desempleo del Ecuador con Países de América del Sur

Tabla 26 Tasa de Desempleo de países de América del Sur (2020) Expresado en porcentaje

Ranking	País	TD (%)	Tendencia (menor-mejor)
1	Perú	3,2	▼
2	Bolivia	3,5	▼
3	**Ecuador**	**4,2**	▼
4	Paraguay	4,8	▲
5	Chile	7,1	▼
6	Uruguay	8,8	▲
7	Venezuela	9,4	▲
8	Colombia	9,7	▲
9	Argentina	10,4	▲
10	Brasil	12,0	▲

Para saber más...

La tasa de desempleo reportada por el Banco Mundial se detalla en la siguiente tabla, observándose tendencias en su mayoría en ascenso de las tasas de desempleo para el año 2020.

Fuente: Banco Mundial.

Análisis elaborado por: WENS CONSULTING GROUP

1.9 Salario Básico del Ecuador

En el año 2019, el salario básico mensual establecido por el Ministerio de Relaciones Laborales de Ecuador fue de US$394.00 y para el año 2020, este Organismo determinó un salario básico mensual de US$400.

Ilustración 8 Evolución del salario básico del Ecuador Evolución del salario básico del Ecuador Años 2010-2020 En porcentaje

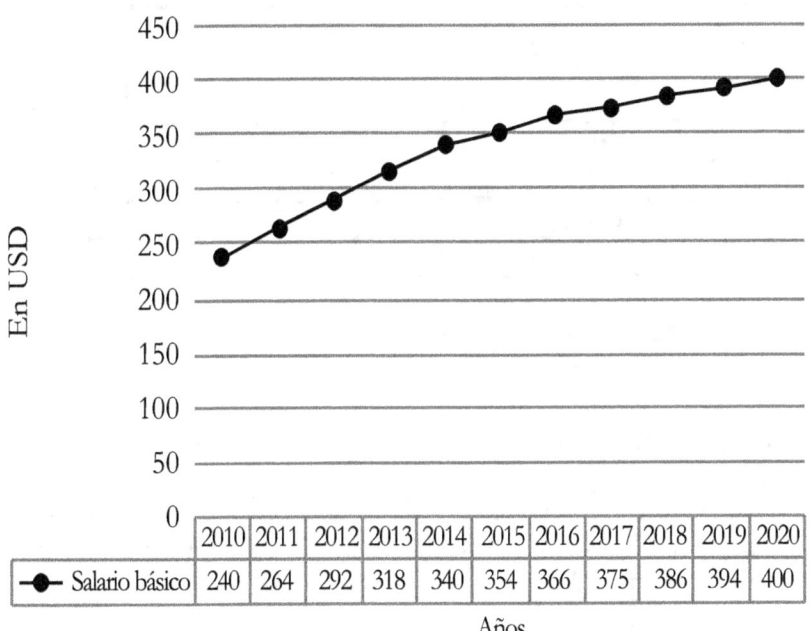

	2010	2011	2012	2013	2014	2015	2016	2017	2018	2019	2020
Salario básico	240	264	292	318	340	354	366	375	386	394	400

Años

Para saber más…

El nuevo Salario Básico Unificado del trabajador ecuatoriano se mantuvo en USD 400 para el 2021 según lo decidió por Ministerio de Relaciones laborales, luego que los trabajarores y empleadores no llegaran a un acuerdo.

Esta sería la primera vez que no ocurre un incremento en el salario.

1.9.1 Benchmarking del salario básico con países de América del Sur

Tabla 27 Benchmarking de Salarios Básicos de Países de América del Sur Años 2020, 2019 Expresado en US dólares

Ranking	Países	2020	2019
1	Chile	440	400
2	Uruguay	424	416
3	**Ecuador**	**400**	**394**
4	Paraguay	320	341
5	Bolivia	306	307
6	Argentina	249	289
7	Perú	258	281
8	Colombia	256	242
9	Brasil	209	240
10	Venezuela	1,14	16

Fuente: CNN, ElUniversal.com.
Análisis elaborado por: WENS CONSULTING GROUP

Del análisis del cuadro anterior se observa lo siguiente:

- Ecuador tiene un salario básico de US$400 y ocupa el tercer lugar en el ranking de los países con los mayores salarios básicos de América del Sur,

- Chile tiene un salario básico de US$438 y es el país con el mayor salario básico de los países de América del Sur, seguido de Uruguay que tiene un salario de US$424.

Importante

Para mantener la relación laboral durante la pandemia, muchas empresas de América del Sur optaron por una reducción de los salarios. Por tanto, se observa que en 2020 los salarios medios reales cayeran, incluso en países en los que el índice de inflación se desaceleró.

1.10 Costo de la Mano de Obra en Ecuador

El costo de mano obra en Ecuador está compuesto de la siguiente forma:

- Sueldo Básico Unificado.

- Décimo Tercer Sueldo, que representa una remuneración equivalente a la doceava parte de las remuneraciones que hubiere percibido un empleado o trabajador durante el año calendario.

- Décimo Cuarto sueldo, el cual corresponde a una bonificación anual equivalente a una remuneración básica mínima unificada.

- Vacaciones, que corresponde a la veinticuatroava parte de la remuneración percibida por un trabajador durante un año completo de trabajo.

- Fondos de Reserva, corresponde al 8,33% del sueldo percibido por un trabajador durante un período.

- Aportaciones patronales al Instituto Ecuatoriano de Seguridad Social (IESS) que corresponde a las siguientes aportaciones:

  ✓ Aportación patronal del 11.15% sobre el sueldo mensual.

✓ IECE-SECAP corresponde a aportación del 1%, calculada sobre el sueldo mensual.

En base a lo indicado, el costo promedio mensual de la mano de obra en Ecuador es como sigue:

Tabla 28 Costo de la Mano de Obra en Ecuador Año 2019
Expresado en US dólares

	US dólares
Sueldo Básico Unificado	394
Beneficios Sociales:	
Décimo tercera remuneración	32.83
Décimo cuarta remuneración	32.83
Fondos de reserva	32.82
Vacaciones	16.42
Aportes al Instituto Ecuatoriano de Seguridad Social IESS:	
Aporte patronal (11,15%)	43.93
Aportes de Instituto Ecuatoriano de Crédito Educativo (IECE) y Servicio Ecuatoriano de Capacitación Profesional (SECAP)	3.94
Total, costo de la mano de obra	**556.77**

Fuente: Ministerio de Relaciones laborales
Análisis Elaborado por: WENS CONSULTING GROUP

1.11 Tasa de Interés Referencial Activa y Pasiva del Ecuador

De acuerdo con la información del Banco Central del Ecuador, por los años 2016 al 2020, el comportamiento de las tasas de interés activas y pasivas se muestra en la Ilustración 6.

Importante
Al ser una economía dolarizada, la opción de política monetaria más importante del Ecuador se refiere a un manejo eficiente de sus tasas de interés, fijadas por la Junta de Regulación Monetaria y Financiera.

Como se observa en la evolución de las tasas, los márgenes de intermediación (diferencia entre tasa activa y pasiva referenciales) se ha venido reduciendo, situación promedio que depende de los segmentos en los que se ubique el análisis, considerando que el país tiene 22 segmentos de tasas de interés.

Ilustración 9 Tasa activa y pasiva referenciales Cifras en porcentaje

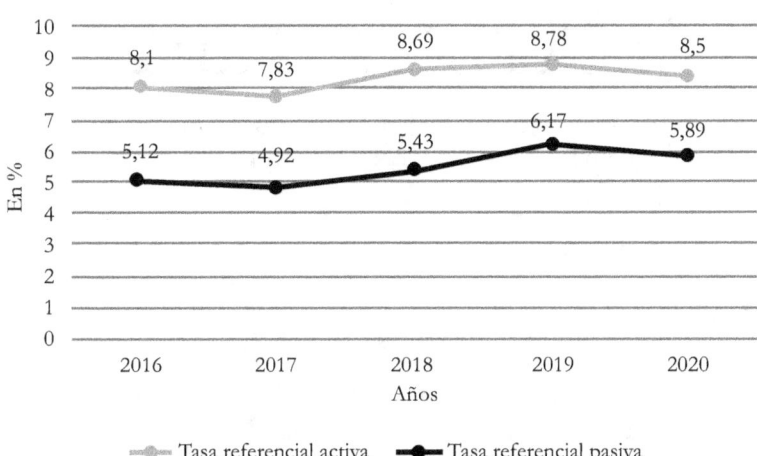

Fuente: Banco Central del Ecuador (BCE)
Análisis Elaborado por: WENS CONSULTING GROUP

1.11.1 Benchmarking de Tasas de Interés Activas Referenciales del Ecuador con respecto a otros países de América del Sur

Según información de la Comisión Económica para América Latina y el Caribe CEPAL, las tasas de interés activas de los países de América del Sur han tenido una tendencia a la baja, en línea con la política monetaria aplicada por los bancos centrales para enfrentar la reducción de la inversión asociado al impacto económico de la pandemia.

Tabla 29 Tasas de interés activas referenciales Años 2020, 2019 Cifras en porcentajes

Países	2020	2019
Argentina	66,9	36,3
Bolivia	6,4	6,3
Brasil	42,7	34,7
Chile	8,5	8,2
Colombia	11,8	10,1
Ecuador	8,6	8,9
Paraguay	12,7	11,4
Perú	14,4	13,1
Uruguay	13,3	13,2
Venezuela	29,3	33,8

Fuente: Comisión Económica para América Latina y el Caribe (CEPAL)
Análisis Elaborado por: WENS CONSULTING GROUP

1.12 Deuda Pública del Ecuador

Para saber más...

Esta política de recorte de tasas de interés ha provocado que los niveles se ubiquen históricamente bajos. Incluso en países como Chile, Perú y Paraguay, se ubicaron por debajo del 1,0%.

Según información de la Comisión Económica para América Latina y el Caribe CEPAL y la subsecretaria de financiamiento público, la deuda pública (externa e interna) del país al 31 de diciembre de 2019 fue de US$57,336 millones la cual representa el 52.54% del PIB. Un análisis demostrativo es el siguiente:

Tabla 30 Deuda Pública del Ecuador Años 2019, 2018, 2017 y 2016 Expresado en millones de US dólares

Año	2019	2018	2017	2016
Deuda externa	41,492	32,473	28,296	23,141
Deuda Interna	15,843	13,734	14,786	12,457
Total, deuda	**57,366**	**46,206**	**43,082**	**35,598**
PIB nominal	109,135	108,398	104,296	99,938
% de deuda en relación con el PIB nominal	**52.54**	**43**	**41**	**36**

Fuente: Comisión Económica para América Latina y el Caribe (CEPAL) estadísticas e indicadoreseconómicos
Fondo Monetario Internacional (FMI)
Ministerio de Economía y Finanzas.
Análisis Elaborado por: WENS CONSULTING GROUP

Ante el deterioro de las cuentas fiscales en el año 2020, dada la necesidad de tomar medidas por el impacto frente al Covid-19, la deuda pública del Ecuador aumentó 5,4%, llegando a representar cerca del 62% del PIB, según estimaciones de la CEPAL (hasta octubre 2020); situación que siguió en ascenso hasta final del año, con el desembolso del FMI por USD 2.000 millones, así como de nuevos préstamos multilaterales, lo cual podría llevar la deuda pública global a representar un 70% del PIB.

1.12.1 Benchmarking de Deuda Pública vs PIB de Países de América del Sur

Tabla 31 Deuda Pública del gobierno central Años 2020, 2019 Como % del PIB

Países	2020	2019
Argentina	90,2	95,4
Bolivia	40,4	45,8
Brasil	75,8	90,6
Chile	27,9	32,2
Colombia	48,6	61,0
Ecuador	47,8	52,5
Paraguay	19,6	27,6
Perú	24,8	28,0
Uruguay	53,8	58,1

Para saber más...

Si bien se observa un aumento significativo de la deuda pública de los países de la región con respecto al PIB, los resultados no son homogéneos, dadas las características de la población y a los sistemas de protección social implementados por cada país.

Fuente: Comisión Económica para América Latina y el Caribe (CEPAL)
Análisis Elaborado por: WENS CONSULTING GROUP

1.13 Riesgo País

Según información del BCE, al 31 de diciembre de 2019, la calificación de los bonos EMBI de Ecuador fue de 826 puntos, lo cual representó un riesgo país del 8.26%.

Durante el 2020, por el impacto de la crisis sanitaria producto del Covid-19, el riesgo país medido a través del EMBI subió drásticamente hasta 5.000 puntos en abril, para luego normalizarse, bajando significativamente, hasta 1.024 puntos en diciembre 2020, motivado por la señal positiva al mercado, el acuerdo de ayuda económica con el FMI a finales de agosto 2020, así como la renegociación de la deuda externa lograda durante ese mes.

Ilustración 10 Evolución Riesgo País del Ecuador Años 2020, 2019, 2018 y 2017 Expresado en puntos

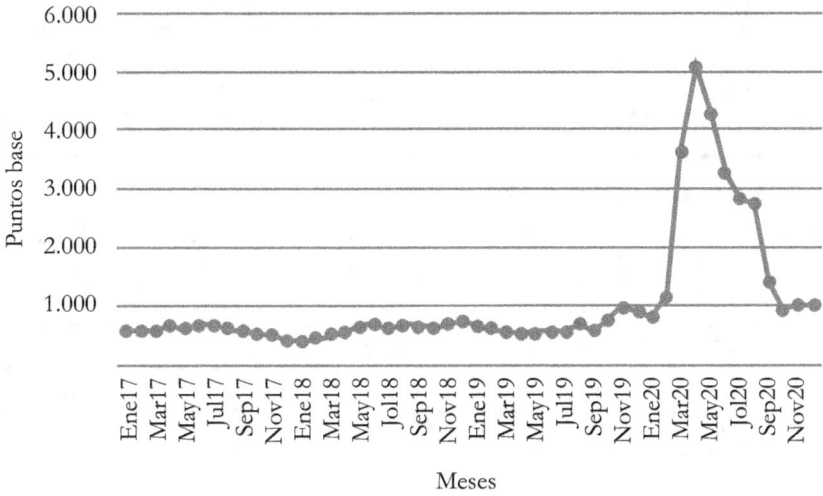

Fuente: Banco Central del Ecuador (BCE)

Análisis elaborado por: WENS CONSULTING GROUP

1.13.1 Benchmarking de Riesgo País del Ecuador versus otros países de América del Sur

Las mediciones del riesgo país en América del Sur, muestran en general una tendencia a la baja, asociados a renegociaciones de deuda y canje de bonos llevados adelante por países como Argentina y Ecuador.

A continuación, un análisis comparativo con los principales países de América del Sur:

Tabla 32 Benchmarking de Riesgo País de América del Sur (10 países)
Años 2020, 2019 y 2018 Expresado en puntos básicos

Ranking	Países	2020	2019	2018
1	Perú	149	107	168
2	Uruguay	165	148	207
3	Chile	174	135	166
4	Colombia	244	161	228
5	Paraguay	247	203	260
6	Brasil	309	212	273
7	Bolivia	601	218	378
8	**Ecuador**	**1.029**	**826**	**826**
9	Argentina	1.482	1.744	817
10	Venezuela	21.698	14.740	6.845

Fuente: JPMorgan
    Comisión Económica para América Latina y el Caribe (CEPAL)
    EMBI (Emerging Markets Bonds Index o Indicador de Bonos de Mercados Emergentes)
Análisis Elaborado por: WENS CONSULTING GROUP

Como se observa en el cuadro precedente, Venezuela y Argentina son los países con el mayor Riesgo País de América del Sur con el 216.9% y 14.82%, respectivamente. Ecuador ocupa el antepenúltimo lugar (octavo puesto) con un índice del 10,29% totalmente negativo, ubicándose por encima de los mil puntos.

1.14 Recaudación Fiscal del Ecuador

Tabla 33 Recaudación Fiscal del Ecuador Años 2019, 2018 y 2017
Expresada en miles de US dólares

Impuestos	2019	2018	2017
Impuesto a la Renta Recaudado	4,769,891	5,319,721	4,177,023
Retenciones Mensuales (2)	2,922,913	2,938,754	2,641,586
Anticipos de Impuesto a la Renta	393,642	352,774	342,893
Declaraciones de Impuesto a la Renta (3)	1,453,336	2,028,192	1,192,545
Personas Naturales	197,217	192,885	175,500
Personas Jurídicas	1,232,088	1,808,326	991,401
Herencias, Legados y Donaciones	24,031	26,982	25,644
IVA Operaciones Internas	4,884,850	4,789,094	4,671,557
ICE Operaciones Internas	653,592	714,379	740,547
Impuesto Ambiental Contaminación Vehicular	122,250	119,487	110,952
Impuesto Redimible Botellas Plásticas no Retornable	35,907	34,785	31,172
Impuesto a los Vehículos Motorizados	223,052	214,621	191,480
Impuesto a la Salida de Divisas	1,140,097	1,206,090	1,097,642
Impuesto Activos en el Exterior	34,528	29,594	34,876
RISE	21,903	22,836	22,105
Regalías, patentes y utilidades de conservación minera	66,841	55,977	52,965
Tierras rurales			7,313
Contribución para la atención integral del cáncer	115,618	104,270	96,677
Otros Ingresos	142,819	316,066	136,181
IVA Importaciones	1,800,167	1,947,054	1,645,546
ICE Importaciones	257,020	271,095	208,855
Total de recaudación fiscal	**14,268,533**	**15,145,069**	**13,224,892**

Fuente: Servicio de Rentas Internas (SRI), datos y estadísticas.
Análisis Elaborado por: WENS CONSULTING GROUP

En la tabla 23, se puede observar que el 2018 representó el mejor año de recaudación fiscal con un importe total de US$15,145 millones, el cual fue superior en un 14% a la recaudación obtenida en el año 2017 de US$13,225 millones.

En el año 2019 hubo una desaceleración en la recaudación fiscal; esta se ubicó en US$14,268 millones y representó una disminución del 6% en relación con los importes recaudados en el año 2018.

1.14.1 Benchmarking de la Recaudación Fiscal con relación al PIB de Países de America del Sur

Tabla 34 Recaudación Fiscal en Relación con el PIB América del Sur (9 países) Año 2019
Expresado en porcentaje

Ranking	País	% de Recaudación Fiscal en relación con el PIB
1	Brasil	23.58
2	Argentina	23.40
3	Uruguay	20.95
4	Chile	18.68
5	Bolivia	18.36
6	Colombia	17.77
7	**Ecuador**	**16.34**
8	Perú	13.33
9	Paraguay	9.93

Fuente: Comisión Económica para América Latina y el Caribe (CEPAL) (2017, últimos datos disponibles).
Análisis elaborado por: WENS CONSULTING GROUP

Del cuadro precedente se puede observar que Brasil y Argentina son los países con los mayores niveles de recaudación tributaria con relación al PIB, estos dos países tienen un índice promedio del 23.5%, lo cual se debería principalmente a los siguientes factores:

- Tamaño de sus economías

- Tarifas impositivas

- Adecuados sistemas de recaudación fiscal.

En cambio, Ecuador, Perú y Paraguay, son los países con los menores niveles de recaudación en América del Sur; debido principalmente a que sus tarifas de impuesto a la renta e IVA en términos generales son menores que los otros países de América del Sur. Se podría interpretar que estos países podrían mejorar su recaudación fiscal y el índice de relación con el PIB, mediante cambios en sus políticas y sistemas de recaudación.

1.14.2 Benchmarking de Tarifas de IVA de Ecuador con Países de América del Sur

Tabla 35 Tarifa de IVA de Países de América del Sur Año 2019 Expresado en porcentaje

Ranking	PAIS	% de IVA
1	Uruguay	22
2	Argentina	21
3	Colombia	19
4	Chile	19
5	Perú	18
6	Brasil	17
7	Bolivia	13
8	**Ecuador**	**12**
9	Paraguay	10

Fuentes: Administración Federal de Ingresos Tributarios (Argentina); Servicio de Impuestos Nacionales (Bolivia); Secretaria da Receta Federal (Brasil); Dirección de Impuestos y Aduanas Nacionales (Colombia); Servicio de Rentas Internas. (Ecuador); Subsecretaria de Estado de Tributación (Paraguay); Superintendencia Nacional de Administración Tributaria (Perú); Servicio de Impuesto Internos (Chile); Dirección General Impositiva (Uruguay).

Análisis elaborado por: WENS CONSULTING GROUP

1.14.3 Benchmarking de Tarifas de Impuesto a la Renta de Ecuador con Países de America del Sur

Tabla 36 Tarifa de Impuesto a la Renta de Países de América del SurAño 2019
Expresado en porcentaje

Ranking	PAIS	% de Impuesto sobre la Renta
1	Colombia	33
2	Argentina	30
3	Perú	26
4	Uruguay	25
5	Bolivia	25
6	**Ecuador**	**25**
7	Chile	25
8	Brasil	15
9	Paraguay	10

Fuentes:
Administración Federal de Ingresos Tributarios (Argentina);
Servicio de Impuestos Nacionales (Bolivia);
Secretaria da Receta Federal (Brasil);
Dirección de Impuestos y Aduanas Nacionales (Colombia);
Servicio de Rentas Internas. (Ecuador);
Subsecretaria de Estado de Tributación (Paraguay);
Superintendencia Nacional de Administración Tributaria (Perú);
Servicio de Impuesto Internos (Chile);
Dirección General Impositiva (Uruguay).

Análisis elaborado por: WENS CONSULTING GROUP

CAPITULO II

Indicadores de Facilidad para Hacer Negocios en Ecuador

2. INDICADORES DE FACILIDAD PARA HACER NEGOCIOS EN ECUADOR

En esta sección se realizará un análisis de los indicadores de facilidad para hacer negocios en el Ecuador, que todo inversionista y emprendedor debe conocer, siguiendo las cifras del reporte Doing Business que elabora el Banco Mundial.

Actualmente, Ecuador está en la posición 129 sobre 190 países evaluados en la Edición 2020. Dentro de América del Sur, el país se encuentra en el doceavo lugar después de Argentina.

Ilustración 11 Posición de varias economías en el reporte Doing Business del Banco Mundial

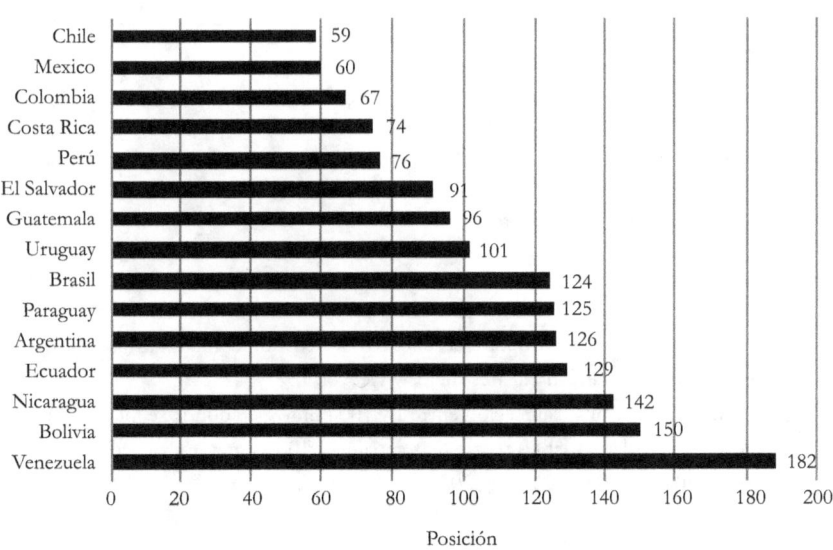

Posición

Nota: *El ranking clasifica en dónde se encuentra cada uno de estos países respecto de 190 economías (entre mas cercano al 1 es mejor y viceversa).
Fuente: Banco Mundial Doing Business 2020

Como se observa en la siguiente gráfica, el rubro en el que está mejor calificado el país es el de la disponibilidad de obtener electricidad; seguido del comercio entre fronteras, el cual mide el tiempo y el costo asociado con el proceso logístico de exportación e importación de bienes asociados con tres aspectos: cumplimiento documental, cumplimiento fronterizo y transporte nacional. Por el contrario, el rubro en el que está peor evaluado es el de las facilidades para salir de la bancarrota.

Ilustración 12 Ranking de Ecuador en el mundo – índice general y variables – calificación en puntos

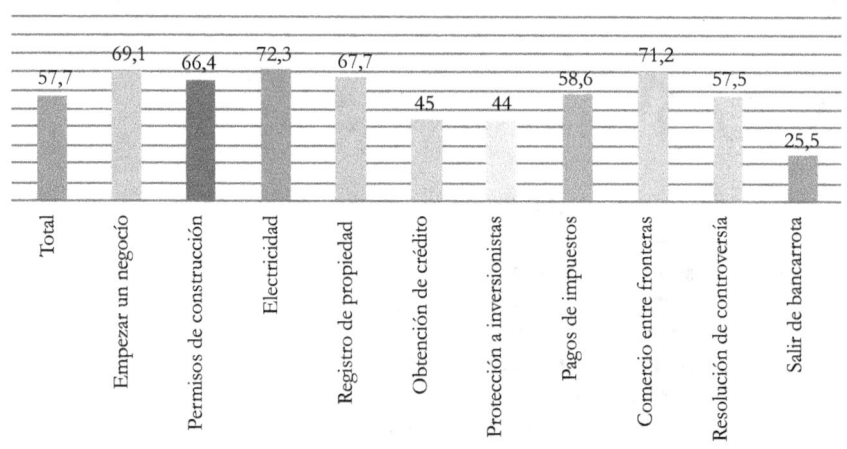

*El Ranking clasifica en dónde se encuentra Ecuador comparado con otros 190 países (entre más cercano al 1 es mejor y viceversa).

La puntuación es una calificación entre 1 y 100 puntos, en donde se mide la facilidad de cada una de las variables (entre más cercano a 100 es mejor y viceversa).

Fuente: Banco Mundial Doing 2020

Los procedimientos iniciales para registrar una empresa en el Ecuador, medido en días, son once, en promedio, mientras que el tiempo necesario para iniciar un negocio son 48,5 días, que representaría un 33% del ingreso nacional bruto per cápita.

Al compararlo con otros países de la región, Ecuador se ubicaría en el noveno lugar del ranking.

Tabla 37 Tiempo necesario para iniciar un negocio (días) Expresado en días

Ranking	País	Días
1	Chile	4
2	Uruguay	6,5
3	Colombia	10
4	Argentina	11,5
5	Brasil	16,5
6	Perú	26
7	Paraguay	35
8	Bolivia	39,5
9	**Ecuador**	**48,5**
10	Venezuela	230

Fuente: Banco Mundial

Tabla 38 Costos de los procedimientos para establecer una empresa Como % del Ingreso Nacional per cápita Expresado en días

Ranking	País	Días
1	Chile	3
2	Brasil	4
3	Argentina	5
4	Perú	9
5	Colombia	14
6	Uruguay	24
7	**Ecuador**	**33**
8	Bolivia	37
9	Paraguay	52
10	Venezuela	212

De acuerdo con los datos, los costos de los procedimientos son significativamente diferentes entre los países que ocupan los primeros lugares del ranking y los que ocupan los últimos lugares, con brechas superiores a los 30 días.

En este caso Ecuador ocupa el séptimo lugar, destacándose casos extremos como el de Venezuela, que se ubica en el décimo lugar.

Fuente: Banco Mundial

Tabla 39 Número de impuestos que pagan las empresas

Ranking	País	No. de impuestos
1	Chile	7,0
2	Perú	8,0
3	**Ecuador**	**8,0**
4	Brasil	9,0
5	Argentina	9,0
6	Colombia	10,0
7	Paraguay	19,0
8	Uruguay	20,0
9	Bolivia	42,0
10	Venezuela	99,0

Para saber más...

Los pagos de impuestos son una actividad operacional que impacta la generación de efectivo por parte de las empresas.

En ese sentido, mientras menos impuestos pague una empresa, mejor será su operatividad, incluso desde el punto de vista administrativo.

Fuente: Banco Mundial

Tabla 40 Número de procedimientos para registrar una propiedad

Ranking	País	Nº procedimientos
1	Chile	6
2	Perú	6
3	Paraguay	6
4	Colombia	7
5	Bolivia	7
6	Argentina	7
7	**Ecuador**	**8**
8	Uruguay	9
9	Venezuela	10
10	Brasil	13,6

Fuente: Banco Mundial

Tabla 41 Tiempo para salir de insolvencia (años)

Ranking	País	Años
1	Colombia	1,7
2	Uruguay	1,8
3	Chile	2
4	Argentina	2,4
5	Bolivia	2,8
6	Perú	3,1
7	Paraguay	3,9
8	Venezuela	4,0
9	Brasil	4,0
10	**Ecuador**	**5,3**

Se trata del tiempo que tarda una empresa en salir de insolvencia, medido como la cantidad de años transcurridos desde la solicitud de insolvencia hasta la liquidación de los activos.

En este caso Ecuador ocupa el décimo lugar.

Fuente: Banco Mundial

>> CONCLUSIONES

Una vez que se analizaron las principales variables macroeconómicas del Ecuador, y su comparación con los países de América del Sur se concluye:

- La ubicación geográfica del Ecuador es privilegiada, lo cual le permite ser líder en productos agrícolas como el banano, cacao, café, entre otros; así como disponer de diferentes e importantes recursos naturales.

- Ecuador cuenta con una mayoría de su población en edad de trabajar lo cual le brinda una oportunidad importante (bono demográfico), con una tasa de desempleo que, a pesar de haber llegado a un nivel máximo con la crisis sanitaria, se ha revertido parcialmente, mostrando una economía con capacidad de recuperación.

- Si bien las cifras de PIB real de Ecuador en el período 2017-2018 fueron favorables, desde el año 2019 la economía mostró debilidades que se acentuaron en el 2020 por el impacto de la crisis sanitaria COVID-19, en todos los componentes de la demanda agregada, habiéndose registrado una caída pronunciada sobretodo al III trimestre; a partir de septiembre de 2020 se ha venido observando una leve recuperación de la actividad económica, que lograría su retorno gradual al equilibrio, siempre que sea posible el control de la pandemia y el cumplimiento de las metas de los programas de vacunación, lo cual podría ocurrir después del segundo semestre del año 2021.

- Hace muchos años el país ha resuelto el problema inflacionario, mostrando estabilidad en sus niveles de precios, por una desaceleración del consumo interno y una demanda agregada débil, mostrando los menores efectos inflacionarios de la región, aunque todavía con niveles medios en el valor de la canasta básica familiar, ocupando un sexto lugar en América del Sur.

- Como economía dolarizada, el Ecuador requiere de un manejo eficiente de su política monetaria, especialmente de control de las tasas de interés, que permitan lograr la reactivación del consumo y de la inversión. Si bien se han reducido los márgenes de intermediación para facilitar la reactivación económica, el manejo no ha sido eficiente, por la dificultad que supone gestionar un grupo de tasas ampliamente segmentado (se ha propuesto llevar los 22 segmentos de tasas de interés a 12). Es de acotar que otros países de América del Sur han llevado sus tasas de interés a niveles históricamente bajos.

- La gestión fiscal del Ecuador ha tenido que enfrentar situaciones sin precedentes ocurridas por el impacto que ha significado la crisis sanitaria. El país llegó a ocupar el antepenúltimo lugar (octavo puesto) del ranking de riesgo país de América del Sur, con un índice del 10,29%, totalmente negativo. Si bien los acuerdos de renegociación de la deuda con el FMI y otros acreedores han logrado regresar a la economía ecuatoriana parcialmente al equilibrio, el país todavía muestra niveles elevados en el EMBI, que se ubica aún por encima de los mil puntos. Se esperaría, no obstante, que el Ecuador logre en el mediano plazo volver a la senda del crecimiento económico con bienestar para su población.

- Si bien son muchos los retos que todavía se deben enfrentar, Ecuador, en comparación con otras economías de América del Sur, presenta ventajas que todo inversionista, emprendedor o líder de negocio debe aprovechar para realizar negocios.

AGRADECIMIENTO

Agradezco a mi equipo de trabajo, integrado por los miembros de mi Firma WENS CONSULTING GROUP, por su valiosa contribución en la elaboración y promoción de mi libro.

Te invito a leer mi libro "Plan de Gobierno Una guía para crear un país de oportunidades" el cual te servirá como complemento de este este libro.

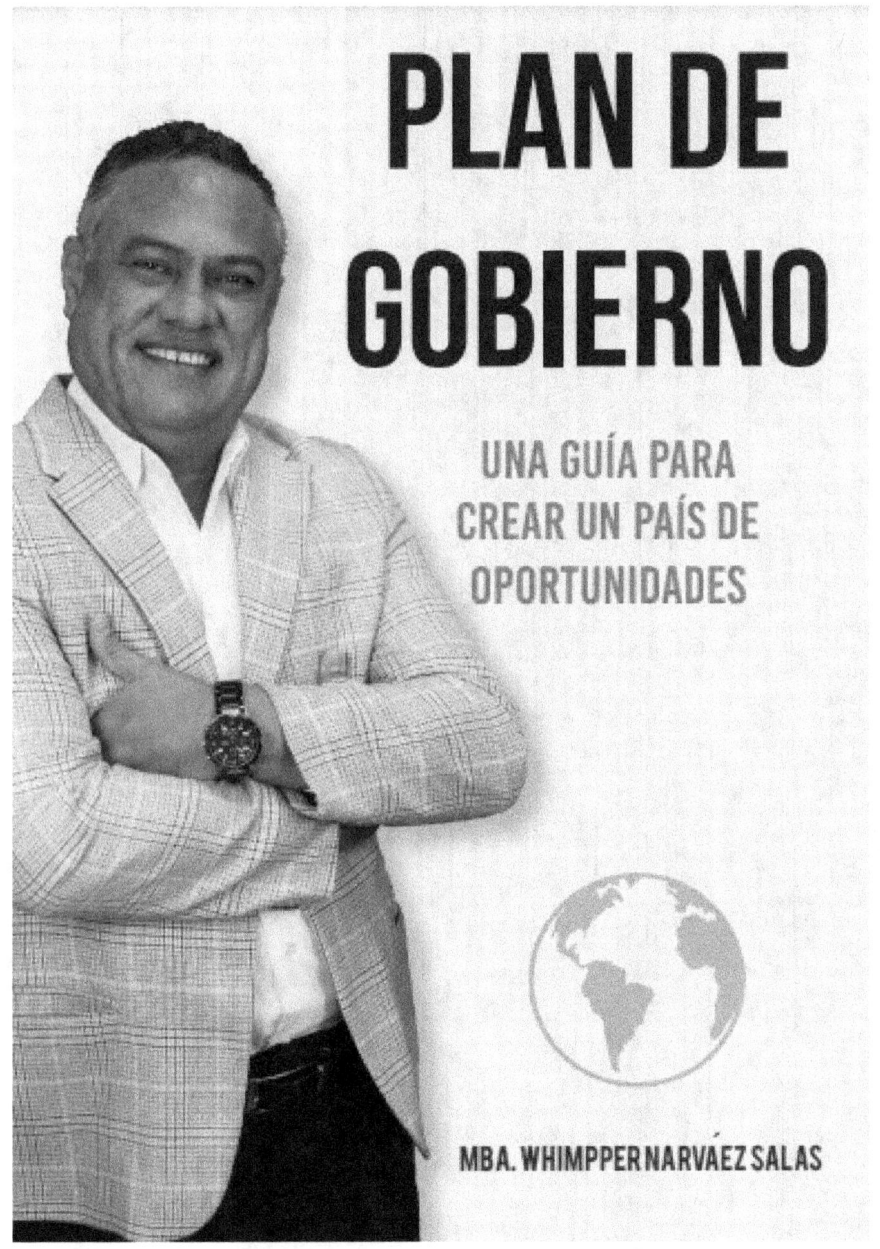

"El que tiene la información, tiene el poder"

-**Thomas Hobbes**

www.ingramcontent.com/pod-product-compliance
Lightning Source LLC
Chambersburg PA
CBHW071026220526
45467CB00004B/1530